AF463001

A. Derain

PAR ELIE FAURE

ANDRÉ DERAIN

PAR ELIE FAURE

ACQUISITION
N. 301.754

I

Il fait songer à quelque mastodonte, jamais pressé, jamais inquiet, sûr de sa force, sûr de sa masse. Sûr de son droit, que lui assurent cette force et cette masse. Il a des mouvements paisibles, lents. De lents réflexes. Il est comme tous les peintres, bons ou mauvais. Il ressemble à sa peinture. Je pourrais dire — ce serait plus naturel — que sa peinture lui ressemble. Mais non. Quand on connaît un homme, on ne connaît pas sa peinture. D'abord, il pourrait n'en pas faire. Il pourrait être meunier, ou archiviste, ou agent d'assurances, ou boucher. Tandis qu'on connaît le peintre, quand on a vu la peinture. Celle-là est sans mouvements — je ne dis pas sans mouvement — et lente. Comme lui elle parle peu, et paraît sinon froide, du moins fermée. Elle ne se livre pas au premier abord, surtout au premier venu. Lui non plus. Mais, après un long temps, comme elle, il s'anime en dedans, sans gestes, sans presser le mot. La communion possible ouvre en lui des sources puissantes, insoupçonnables du dehors et qui s'épanchent et s'étalent, d'un flot toujours tranquille, mais large, irrésistible, continu.

Où qu'il se trouve, où qu'on le trouve il est le même, dans son atelier, dans la rue, à la terrasse du café. Est-ce assez dire qu'il est simple ? Non. Il est si massif, il semble si endormi qu'on s'étonne, quand on ne le connaît pas encore, qu'il puisse y avoir tant de jugement essentiel dans ce colosse négligé, tant de sagesse malicieuse sous ce masque un peu pâteux de César débonnaire dont l'œil ne brille que par éclairs très courts. Il sue l'équilibre certes, si je puis dire, mais quel ? Il y a de grosses gens qui font du sport, par hygiène, ou goût, et en qui l'on

devine une magnifique harmonie entre le dedans et le dehors. Mais ce n'est pas à dire que le dedans soit remarquable. Je sais des jeux grandioses, au contraire, qu'il est presque miraculeux, pour une génération qui fut, comme la mienne, dédaigneuse du corps, malade, mangée d'inquiétude, méprisant le sport, et même la santé, de voir liés à des occupations extérieures dont le bien être du corps semble le principal objet. Nous sommes restés romantiques, que nous le voulions ou non. C'est-à-dire chrétiens. Que celui-là, dont l'œuvre spirituelle est puissante et s'épure chaque jour aille à la pêche et à la chasse, conduise son auto, aime la marche, l'escrime, la boxe, le grand air, il faut, pour ne pas le très bien comprendre, que nous soyions fâcheusement habitués à considérer comme solidaires l'un de l'autre l'ascétisme et la méditation. La France, spécialement l'Ile de France, a cependant le privilège de ces santés en profondeur. Je pense au père Corot, au petit bourgeois Chardin, à Barye le tailleur de pierre, aux imagiers du vieux temps. A Paris, on est élevé dans la rue la plus amusée, la plus narquoise, la plus sage du monde. On ne se prend pas au sérieux. Alors, sans se forcer, on consent à se bien porter si çà n'est pas impossible. On consent à ne pas s'efforcer de marquer par des vêtements singuliers, un visage fatal ou un isolement farouche qu'on ne pense pas comme son concierge, son coiffeur, son marchand de tableaux ou son banquier. Car, si on gagne bien sa vie, pourquoi, je vous le demande, n'aurait-on pas un banquier ?

Ce n'est pas que Derain n'ait jamais palabré dans les cafés qu'il fréquente — qu'il fréquente même beaucoup — ni foncé, tête basse, dans les abstractions et les systèmes. « *J'ai été*, dit-il, *plus... que les autres.* » C'est beaucoup dire. Et ça ne doit pas être vrai. Mais l'aveu est bon à faire. Il met « les autres » dans une situation d'autant plus fâcheuse vis-à-vis de qui le fait, qu'ils se réclament souvent de lui. Il délivre qui le fait, et nous tous, et jusqu'aux « autres », s'ils le veulent. La pensée n'est

qu'action. Qui explique, dès qu'il parle, sans créer, est condamné à une souffrance stérile, ou au ridicule. Quoiqu'il ait dit, ou fait jadis, il est impossible de ne pas accorder une attention spéciale à qui désormais se moque d'avoir ou de ne pas avoir « du génie », parce qu'il est délivré du tourment de prétendre apporter aux hommes quelque chose d'absolument nouveau. Derain goûte au moins le repos de n'avoir que lui à trouver. Il touche à cette espèce de fatalisme, qui est de consentir à être ce qu'on est, rien au delà parce que ce n'est pas possible, et, si c'est possible, rien en deçà. Il y a une sagesse de conquête plus difficile que d'être sage, si l'on veut. C'est d'accepter de se mouvoir dans les limites, d'ailleurs inconnues, de soi-même. Et de tracer ces limites dans l'œuvre de chaque jour.

II

Cette œuvre, au premier abord, était en effet assez inquiétante. Jusqu'à la guerre — et même jusqu'après la guerre, — elle avait deux dimensions, pas d'épaisseur, des profils maigres, quelque chose de souffrant, bien que de très fortement expressif, une tension pénible, un peu hargneuse, sans doute l'anxiété d'une recherche incessante, en somme un aspect primitif. Il semble que l'homme d'aujourd'hui, inondé d'intelligence, connaissant tout l'effort antérieur des hommes, partout sur la vaste terre et dans la plus lointaine profondeur des siècles, soit contraint de repasser par toutes les étapes et d'essayer, tour à tour, toutes les directions de l'esprit. Drame puissant, trés éloigné de la tâche du primitif d'autrefois, ignorant, croyant, muni d'œillères, dépourvu d'esprit critique, regardant devant lui et rien que devant lui, marchant coude à coude avec tous ceux de son chantier, faisant tomber de la forme entrevue un voile par génération... Très éloigné de la tâche du peintre européen moderne, greffant son tempérament propre sur la tradition acceptée, locale, nationale au plus, introduisant sur un thème permanent des variations concentriques. Mais, de nos jours, quelle victoire que de prendre soudain racine en ses instincts multipliés où l'orage ne se sent plus que dans l'ondulation calme des surfaces expressives ! Songez qu'il a fallu, avec les autres, tournoyer dans le remous. Il a fallu quitter les Grecs classiques pour les Grecs archaïques, subir l'action de l'austère et subtile synthèse égyptienne, le formidable attrait du sensualisme hindou. Il a fallu éprouver la solidité de la méditation chinoise, la séduction de la virtuosité japonaise, l'ivresse bestiale et rythmée du nègre et du mexicain. Il a fallu épuiser tour à tour le naturalisme, le romantisme, le classicisme, le mysticisme français. Il a fallu gravir, à la suite de Rubens, l'arabesque matérielle qui tord les arbres et les chairs dans la lumière et le brouillard. Il a fallu descendre, avec Rembrandt, dans l'ombre qui glisse entre les formes

pour définir leur solidarité organique et sentimentale. Il a fallu suivre la grande ligne italienne qui démontre leur continuité à la manière d'une voix mêlée au chant des flûtes, à la houle des harpes, au pleur des violons. Il a fallu surprendre, après les Espagnols, la palpitation des fleurs, des fards, des bijoux, dans l'espace et le crépuscule... Œuvre inquiétante, oui, puisque, à peu près brusquement, elle a pris un aspect adulte. On pense, à propos d'elle, à la maturation des fruits, aigres, secs de longs mois, ligneux, âpres, impossibles à arracher de l'arbre, puis dorés, lourds de sucre, lourds de jus en quelques jours. La longue méditation a de ces surprises. Qui de nous — intuitifs — n'a connu ces illuminations subites, où des idées embryonnaires ou flottantes jusque là prennent une éclatante fermeté ?

On commence, en effet, à ne plus retrouver la source première de ces lames de fond qui affleurent encore au niveau des plans et des masses où s'affirme, avec une si puissante maîtrise, la forme actuelle de Derain. La tradition reprend et se soude au point même où, dans les derniers disparus des grands maîtres de France, elle était parvenue par l'évolution naturelle qui est commune aux plantes et à l'esprit. Derain consent à renouer la chaîne,

ce qui est, très probablement, plus malaisé que de la rompre. Si le souvenir lointain d'Ambrogio Lorenzetti a surnagé longtemps dans ses paysages, par exemple, Corot y apparaît encore quelquefois, par ces lignes et ces bouquets d'arbres qui semblent comme suspendus au-dessus des vallonnements de la terre : mais, chez Derain, arbres, vallonnements, tous les accidents du sol et de l'espace sont, bien plus visiblement que chez Corot, un signe symbolique autour duquel le visage de la planète, avant de se projeter sur la toile, s'organise dans l'esprit où il revêt, tous les jours davantage, un caractère monumental. Si d'autre part, dans les figures, la matrice égyptienne ou grecque reste quelque peu sensible, comme un noyau dans le fruit, un écho déjà affaibli de Cézanne, un écho plus accentué et plus prolongé de Renoir y sonnent encore, suivant un chemin circulaire qui la contourne et tente, dans les fonds où s'ébauche une transparence, d'en découvrir et d'en décrire la troisième dimension : mais là aussi, la forme, la couleur, la mise en équilibre dans l'espace prennent un caractère conceptuel qui n'est plus visible chez Renoir. Je ne sais trop si ce parfum de didactisme qui persiste à peine chez Derain est le signe de nos temps tragiques où l'homme puissant, pour affirmer son caractère, est obligé, dans le tourbillon éperdu de toutes les valeurs en déroute, de se définir avant que de s'exprimer, ou s'il est l'étape décisive qui précède la liberté. Derain est jeune : son propre avenir répondra.

En tout cas, il est curieux de constater que Derain ne craint pas, comme presque tous les jeunes gens ou même les hommes d'aujourd'hui avant la quarantième année, de subir et même d'avouer l'action des maîtres, y compris les maîtres récents, sur sa sensibilité. Non qu'il soit tout à fait le seul : l'influence de Renoir — le Renoir des dernières années — est évidente chez les deux peintres qui, depuis Matisse, possèdent le plus grand prestige, Derain et Picasso. C'est consolant, surtout si, par delà Renoir où tous deux se rejoignent, on constate qu'ils remontent l'un et l'autre à des départs qui paraissaient antagonistes aux âmes pauvres : Delacroix pour Derain, Ingres pour Picasso. Il faut que les novateurs

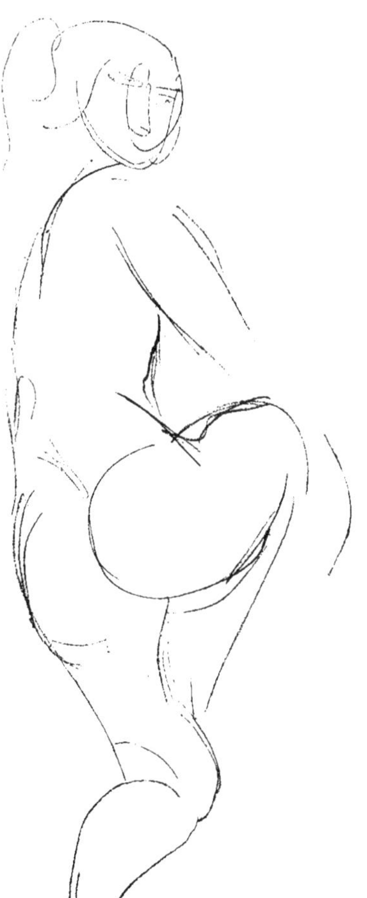

à tout crin en prennent leur parti, et je souhaite que ce leur soit facile si je leur concède ceci : un grand peintre n'a le droit de reprendre la tradition qu'après avoir traversé la révolution, qui n'est que la recherche de sa propre réalité. Ceux qui obéissent immédiatement à la tradition ne prennent aucun intérêt à eux-mêmes. Ils n'aperçoivent de la tradition que ses caractères extérieurs, et par conséquent la travestissent. Il faut, pour la trouver, atteindre la réalité spirituelle de chacun des hommes qui la vivent dans un accord émouvant, parce que chacun d'eux ne parvient à l'héroïsme que le jour où il avoue qu'il est un homme, rien de plus et rien de moins.

Ce rôle d'assimilateur central qu'on reproche à Derain de jouer et qui risque de définir sa forte personnalité dans l'avenir, Raphael l'a tenu vis-à-vis de l'Italie entière qui l'environnait et le précédait. En est-il moins grand pour cela ? Dangereux, certes. Mais moins grand ? Il a été, durant deux siècles, la source de toute peinture. Ingres y est revenu après plus de cent ans d'oubli et sa gloire, de nos jours, s'épure. Rubens, qui faisait entrer dans l'âme même de la Flandre l'effort italien, n'a-t-il pas animé, pendant trois cents ans, toute la peinture européenne ? Poussin, qui s'assimilait cet effort pour

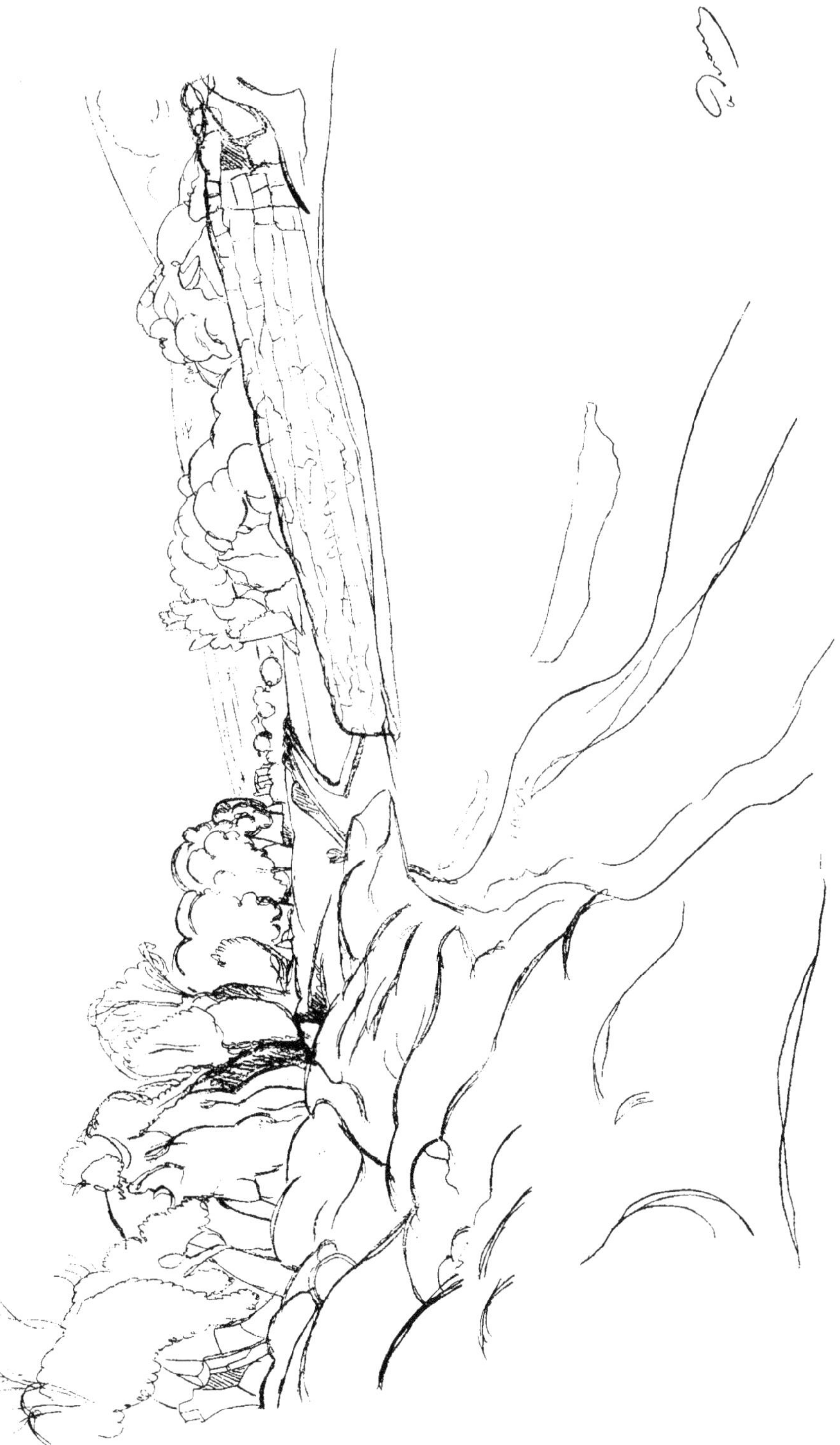

l'incorporer à l'esprit architecturé et méthodique de la France, n'inflige-t-il pas à l'art d'aujourd'hui une direction distante, mais certaine? Velasquez, qui résumait les maîtres de Venise pour introduire dans l'espace espagnol ses modulations subtiles et ramener leur orchestration formidable à son essence harmonique, n'a-t-il pas exercé sur le naturalisme et l'impressionnisme français une influence décisive en attendant que, par son entremise, nous ayions compris Greco? Renoir, hier, n'a-t-il pas fait entrer cet impressionnisme et tous les éléments les plus sensuels que l'art français traditionnel avait versés à notre intelligence, dans la forme pleine et circulaire qui définit pour nous ce que les Grecs ont laissé de plus pur? La profonde assimilation accroît le rayonnement. C'est elle qui fait pénétrer dans la masse spirituelle d'un peuple, et par ce peuple, du monde, des multitudes de vies et de pensées éparses qui, sans elle, végéteraient et mourraient rapidement sur place. Le fleuve est fait de dix rivières qui portent par lui, à la mer, la terre et la végétation et le reflet des ciels de cent régions diverses. Sa puissance s'accentue en proportion du nombre, de la majesté, de la masse, de la richesse en alluvions des affluents qu'il reçoit.

III

Je ne suis pas éloigné d'attribuer à la guerre ce consentement magnanime du peintre à reprendre, ou plutôt à prendre sa place dans la chaîne de la tradition, et sa brusque maturité. En tout cas c'est tout de suite après la guerre qu'une conception cohérente est soudain apparue, sans artifices oratoires, dans l'objet qu'il représentait. Est-ce hasard ?

André Derain, peintre, a fait sept ans de « service militaire », et là dessus quatre ans de guerre, — le tout

comme simple soldat. N'en déplaise aux littérateurs qui ont considéré la guerre comme une « parenthèse » dans leur vie — le mot fut écrit, et plusieurs fois — je crois cela très important. Il faut qu'une vie soit bien haute, bien inaccessiblement haute, pour qu'un drame aussi formidable reste hors de cette vie, n'y ajoute rien, n'en retranche rien, ne remue rien des choses cachées qui l'habitent, n'élève pas ces choses au niveau d'une conscience obligée, par nécessité, de juger les événements. En vérité je les admire, ceux à qui la guerre n'apprit rien, surtout quand ils ont fait la guerre : j'admire leur supériorité innée et imperfectible.

Derain n'a pas fait un croquis à la guerre. Je dis : pas un. Il a fait la guerre. Il n'a pas travaillé de son métier de peintre pendant la guerre. Il a fait le métier de guerrier. Il a couché dans la boue. Les poignets cassés, les reins moulus, il a conduit et désembourbé des camions sous le feu. Il a vu des hommes souffrir. Il a vu des hommes mourir. Il a vu des hommes tuer d'autres hommes. Il a participé à tuer des hommes. Je ne sais pas au juste ce que le travail de la main peut apprendre à un peintre. Mais je me doute de ce que risque de lui apprendre celui des nerfs, de la tête, du cœur. Je sais — il me l'a dit,

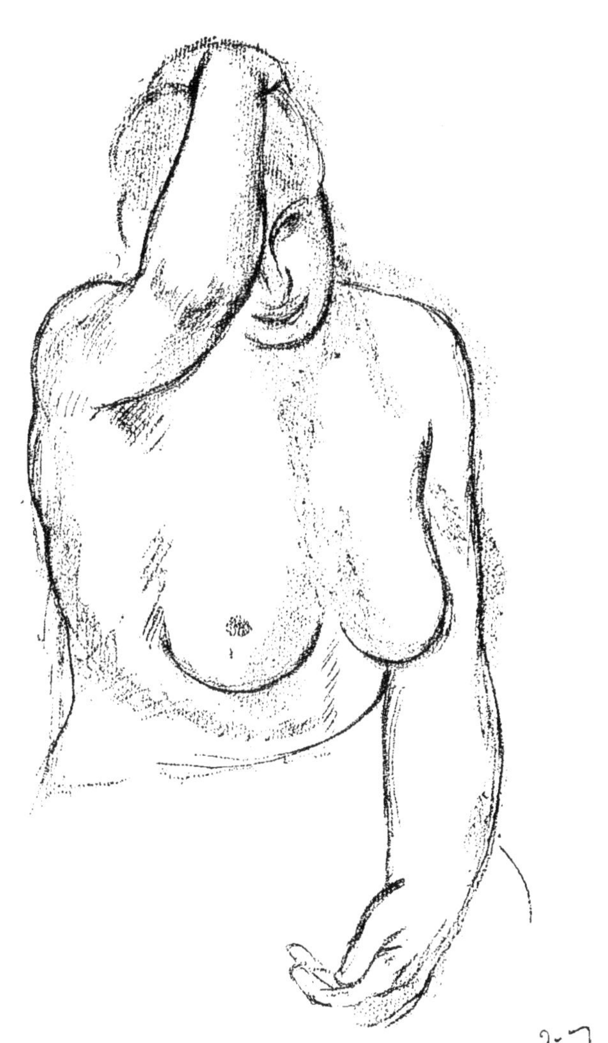

et je comprends bien mieux ceci que les lamentations humanitaires, — je sais qu'il a beaucoup moins souffert de sa misère et de l'horreur que de se dire : « Cette guerre ne finira pas. Je ne peindrai plus jamais. » Je sais aussi qu'il a eu peur, comme tous. Je sais qu'il a eu des minutes d'exaltation héroïque — ou simplement nerveuse, — comme tous. Je sais que s'il avait pu fuir, comme le fit jadis Cézanne, il aurait peut-être fui, ainsi que la très grande majorité d'entre nous. Seulement il ne le pouvait pas. Personne ne le pouvait : *Liberté*, *Egalité*, *Fraternité*. Il était bon que, sous Louis XIV, ceux qui aimaient l'aventure participassent à celle de la guerre, laissant ceux qui ne l'aimaient pas à l'atelier, à la charrue ou simplement au coin du feu. Mais voilà. La démocratie est venue. Un cerbère à trois têtes est aux portes de son paradis. Derain n'y est pour rien, ni vous, ni moi. Il a donc pris le parti le plus sage, qui est d'être un rouage perdu de la catastrophe unanime, et, une fois pris ce parti, d'utiliser la dite catastrophe au mieux de son développement spirituel.

Il est absurde d'attendre de la guerre une amélioration morale de l'homme. Mais la guerre renseigne puissamment sur eux-mêmes ceux qui veulent être renseignés sur eux-mêmes. Derain n'est pas pour ou contre la suppression de la guerre. Ni de l'amour. Ni de l'hiver. Ni des volcans. Ni des marées. Il a seulement constaté qu'il apprenait à la guerre, sur les réalités permanentes du cœur, sur les directions constantes de l'esprit. La guerre l'a ennobli — il l'avoue — parce qu'on est obligé, quand on fait vraiment la guerre, de souffrir avec un grand nombre d'autres hommes, de la même souffrance qu'eux. La guerre a approfondi les sources principales de ses méditations, parce qu'on est obligé, par la guerre, de se poser sur le

fait de mourir, qui est singulier, sur le fait de vivre, qui l'est plus encore, sur l'amour, sur l'amitié, sur la pitié, sur la justice, un certain nombre de questions d'un caractère impérieux, soudain, imprévu. D'autres ont peint tout le temps de la guerre, qui ne peignent pas mieux qu'avant, parce qu'ils voulaient peindre la guerre. Lui n'a pas peint, ni la guerre, ni autre chose. Mais la guerre lui a fait faire des découvertes dans la peinture, parce qu'elle lui a fait faire des découvertes en lui.

Il est très simple. Il juge très simplement. Jugement conquis. Simplicité conquise. La guerre était encore du sport, pour ce colosse que sa masse encombre un peu. Va donc pour le sport. Va donc pour la guerre, puisque c'est l'heure de la guerre, comme, d'autres fois, c'est l'heure du repas, l'heure du lever, et du coucher, l'heure de peindre. L'heure de la marche ou de l'auto. La guerre, ce n'est donc pas l'heure de peindre. Tant pis, certes. Ou tant mieux. Car cette sagesse sauvera le peintre, comme l'a peut-être sauvé, quand il se laissait aller à théoriser et systématiser, l'heure de l'apéritif, qui n'est pas propice à l'écriture. S'il eût écrit, peut-être eût-il, comme tant d'autres, voulu justifier ses écrits. A vingt

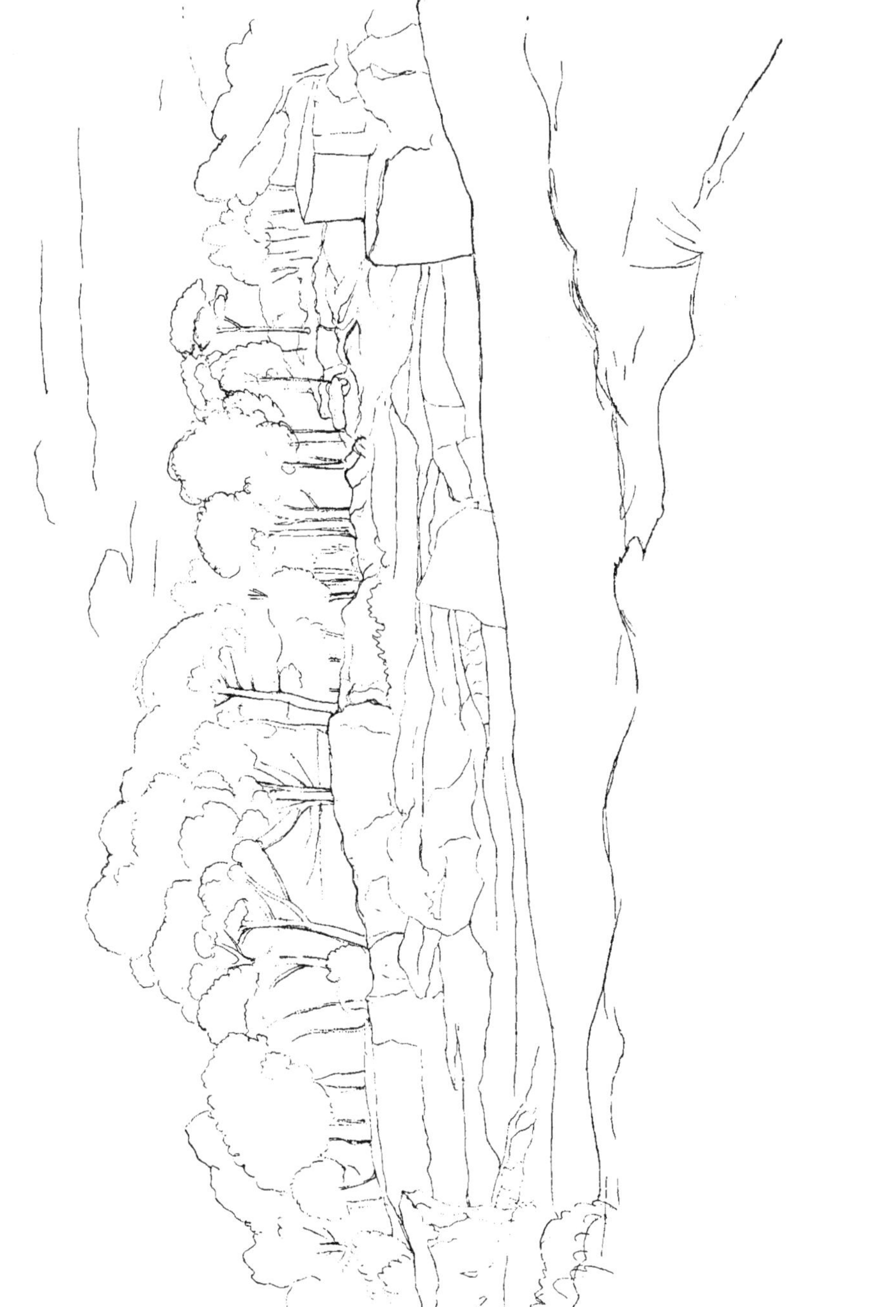

ans, on se croit héroïque, parce qu'on ne parle ni ne veut parler comme les autres. Mais à quarante ans on est brave, parce qu'on consent, au risque de ressembler aux autres, à être semblable à soi.

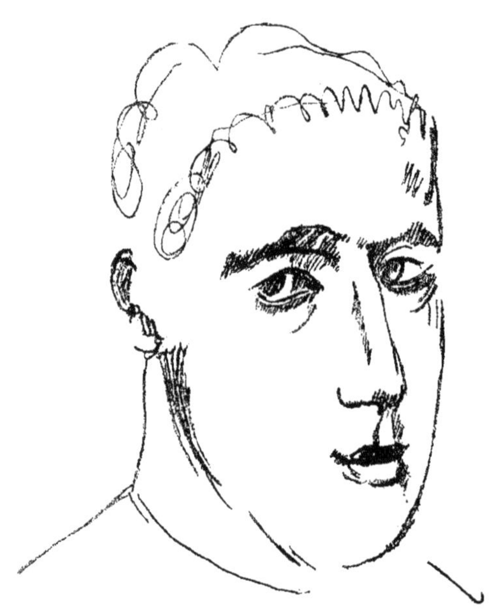

IV

J'ai peut-être trop insisté sur les reproches que font à Derain tous les pauvres qui s'imaginent ne rien devoir aux riches, pas même leur pauvreté. Mais c'est que ces reproches définissent presque à eux seuls sa peinture et le rôle *régulateur* (dit Salmon) qu'elle joue vis-à-vis de nous. La forme en est si concentrée, et même si condensée, qu'il est à peu près impossible de la pénétrer, et par suite de la décrire. Nul accident ne permet de s'y accrocher, nul pittoresque de s'y attarder, nulle circonstance de s'y complaire. C'est un bloc fermé, bien évidemment objectif du point de vue sentimental si, du point de vue plastique, il est le fruit compact d'une méditation silencieuse et puissante et reporte à l'objet la décision d'une solide intelligence dont on retrouve, dans le corps athlétique du peintre, l'équilibre et la santé. La majesté de ses derniers ouvrages est dûe à cette concentration lente de tous les éléments sensibles dans l'esprit où s'élabore un de ces univers résumé, complet, circulaire qui est nous-mêmes, en vérité, et qui fait de chacun de nous, s'il veut apprendre à lire en lui, comme une cristallisation de l'infini confus et diffus qui l'entoure. On peut en dire autant de toute œuvre magistrale. Sans doute. Mais, chez Derain, la densité de la peinture est telle, qu'elle donne l'impression physique d'agglomérer le monde ambiant dont les molécules éparses paraissent aspirer à se plonger en elle pour serrer et durcir le grain de son tissu. Elle s'isole, d'elle-même, avec une sorte d'obstination. L'arbre, dans le paysage, ne paraît être là que pour résumer et ramasser la solitude. Le bouquet de fleurs émerge de l'ombre, qu'il accumule en ses pétales sombres. Leur éclat absorbe la nuit. Les figures ont un air de bronze d'où la cire perdue filtrerait comme une sueur, par endroits. Je cherche, dans un dictionnaire de poche, le sens primitif du mot « fruste » et voici ce que j'y lis : « se dit d'une médaille ou d'une sculpture effacée par le temps ». C'est cela, et je ne crois pas que cela soit volontaire. Ou alors, ce serait bien moins émouvant. J'écoute mes sens, qui sont pris. Notre temps est beaucoup plus grave qu'on ne le croit généralement. Entre l'esprit du boulevard et le drame social ou guerrier

qui se joue, il y a des hommes solitaires où croit une splendeur terrible et qui ne peuvent la manifester que par des œuvres dépouillées, non polies, monumentales, où l'avenir lira probablement le sens réel de ces jours. Je crois qu'André Derain, bien qu'il fréquente les cafés, boxe et fume la pipe et que sa peinture atteigne déjà de gros prix, est de ces rares hommes là.

Je me souviens du jour où j'ai eu pour la première fois, devant une peinture de Derain, la sensation d'être en présence d'une force vraiment élémentaire, peut-être par contraste avec la salle où brillait la fleur extrême et déjà flétrie d'une civilisation de serre, épaules nues, diamants et perles, habits noirs, ennui profond qui flotte, fausse culture exaspérée et répandue, avec la poudre et les parfums, dans un abîme de lumières. L'Opéra. Une grande poupée tournait devant la *Boutique fantasque*, presque sinistre face à cette accumulation unique de richesse matérielle et de misère d'esprit. Le pantin bourré de son, en ses trois petits tours, donne la mesure de la foire. Ce n'était qu'une introduction, à mes yeux du moins, car je ne suis pas du tout sûr que cela eût, dans l'intention de Derain, un sens symbolique quelconque. Le rideau levé, voici le contraste puissant, plastique d'abord, rien que plastique, et, parce que plastique, sentimental à mes yeux — toujours et rien qu'à mes yeux — avec la fuite épouvantable des heures et la vanité des gens placés de l'autre côté de la rampe : un paysage de madrépore, un énorme récif, orange et rouge, noir peut-être, saisi au fond des eaux par quelque puissante lumière, une force éternelle, incrustée, par ses racines organiques, dans le terrain primitif. J'ai eu depuis, en présence d'autres paysages de Derain, cette impression coralline de quelque fond sous-marin immobilisé par les coquillages et le calcaire et tout étincelant de sel.

Qu'on prenne garde. Cette apparence d'unité — et non d'uniformité — que le génie plastique a le pouvoir

d'infliger à la substance si diverse du monde, n'est pas le signe de l'impuissance à l'exprimer, mais le signe, au contraire, de la puissance à y découvrir et à y mettre en valeur la spiritualité la plus haute. Que la chair et les étoffes, la pierre et le bois, l'air et les plantes prennent, comme chez Renoir, l'apparence irrésistible d'une géante fleur fruitée, ou, comme chez Derain, d'un bloc minéral découvert dans quelque planète inconnue, cela ne signifie nullement que la chair et les étoffes, la pierre et le bois, l'air et les plantes perdent les qualités propres qui les différencient et les définissent à nos yeux. Au contraire. Par le mystère des rapports transposés mais demeurés exacts, et de l'esprit qui les découvre et les accuse, ces qualités prennent leur véritable accent et la subtile parenté mutuelle qui donne à leur association la vie, quelle que soit d'ailleurs la matière employée — bronze ou marbre, terre ou gravure, peinture ou mine de plomb — plonge et se perd, par passages insensibles, dans leur originelle et organique unité. Voici des dentelles légères autour d'un beau visage féminin, ou des cheveux épars sculptés par un arête de lumière et l'on dirait d'un délicat réseau d'argent flottant autour d'un sombre airain. Voici une face pensive, avec de grands yeux fixes, et l'on dirait

quelque laque profond sous la coulée duquel, dans la masse obscure de la forme, s'assoupit de proche en proche la sonorité d'un métal. Je sais des figures si fermes qu'elles semblent taillées dans quelque cristal dur qu'une flamme invisible saturerait de ses irradiations. Cette chevelure d'or brun entoure de sa lueur un front et des tempes qui paraissent taillés dans une lave à peine échappée d'un volcan. La splendide couleur, immobile et sourde, un peu morne, a comme une vie intérieure, tapie, et ne dépassant pas les limites de l'objet. Elle rayonne sans éclat, comme un bloc d'étain mat que le feu commence à rougir.

V

Sur une table, dans un coin de son atelier, j'ai découvert un crâne de lion. Une joie virile m'a pris. Cet amour, qu'il avoue, pour les formes éternelles du squelette, vivant par son implacable logique, alors qu'il est l'image et le symbole de la mort, est à mes yeux la preuve que Derain connaît le secret qui ouvre décidément la porte de l'esprit, parce qu'il conduit son détenteur au besoin permanent de découvrir et d'accuser l'analogie universelle. Le squelette, à qui sait le voir, révèle et maintient agissantes en lui toutes les grandes lois plastiques : silence et énergie des plans, netteté, pureté, décision des profils, asymétrie mais équilibre des organes pairs dont la fonction détermine et accuse les masses, mouvement ininterrompu des surfaces expressives, continuité des courbes que l'unité de l'organisme nécessite. Toutes ces grandes lois, quand une fois on les a découvertes dans l'ordre rigoureux de ces charpentes animales parcourues de crêtes rocheuses par les lignes des insertions musculaires, creusées de ravins par le poids des viscères, striées de vallées par le cheminement des faisceaux de tendons, de nerfs ou d'artères, fleuries par les dents, on les retrouve sans efforts dans l'architecture de la planète que le feu souterrain a soulevée d'ondulations rythmiques, amenant avec précision, là où la gorge s'ouvre, où le mamelon se dessine, où la plaine s'étend, la rivière, le bouquet d'arbres, le vignoble et le labour. La poursuite passionnée de l'organisation systématique de notre vue de l'univers est le moyen le plus efficace dont nous disposions pour le comprendre utilement et l'exprimer avec force. Parisien comme Corot, comme Barye, comme Chardin, ce solide garçon, qui semble progresser dans l'intelligence des choses et s'installer dans le bon sens avec la même fermeté qu'il a pour poser ses pieds sur la route et saisir une chaise pour s'asseoir et causer un peu, parle de ces trois là, surtout, pour dire en de claires et belles paroles son émoi qu'ils aient su trouver dans la structure de la terre italienne, le fonctionnement des leviers osseux et des muscles, la densité des fruits, des œufs, du pain, la justification d'une égale simplicité à en dégager l'harmonie, la cohésion et l'accent. Parisien comme Corot, comme

Barye, comme Chardin, il a renoncé à être un nègre, ce qui est peut-être, après tout, la meilleure manière d'accepter que les nègres soient.

Ces magnifiques peintures laissent dans le souvenir une impression massive, mais indestructible, ainsi qu'une borne sphérique qui marquerait une étape importante sur le chemin que nous suivons. J'ignore leur destin. Nous ignorons tout du destin des choses que nous aimons précisément parce que nous croyons y saisir, dans la minute essentielle qui les révèle à nos cœurs, un fragment de cette figure impérissable où fuit et se dérobe l'objet de notre désir. Mortels, et le sachant, nous voudrions

qu'un peu de nous restât fixé comme une empreinte aux choses où nous avons cru voir battre et saigner l'éternité. C'est tout, je crois, tout l'avenir, toute l'espérance, toute la mystique, tout Dieu. Parce que c'est tout, il n'y a pas de drame spirituel plus poignant, mais aussi plus enivrant et plus fécond que celui-là. Qu'un homme ait la puissance de susciter ce drame en quelques âmes, je ne vois pas qu'il puisse exiger, de la passion qu'il a de vivre dans le souvenir des hommes, une plus haute promesse. Et pour qu'il reste calme et fort, je ne le lui souhaite pas.

XXXII PEINTURES DE ANDRÉ DERAIN

1. NATURE MORTE

2. NATURE MORTE

3. ENVIRONS DE CAGNES (1910)

4. LES MARTIGUES (1912)

5. PINÈDE DE MARTIGUES (1912)

6. LES BORDS DU LOT (1913)

7. LA ROUTE DE CASTEL-GANDOLFO (1920)

8. SCULPTURE (BETZ 1918 — MAYENCE 1919)

9. PORTRAIT (1920)

10. PORTRAIT (1920)

11. LA POLONAISE (1920)

12. PORTRAIT (1920)

13. VUE SUR BANDOL (1921)

14. PINÈDE (1922)

15. LE MODÈLE (1922)

16. ITALIENNE (1922)

17. VUE DE LA MADRAGUE (1922)

18. PINS (1922)

19. LE PETIT PONT (1922)

20. BAIE DE LA CIOTAT (1922)

21. FORÊT DE PINS (1922)

22. LE CHEMIN DE SAINT-CYR (1922)

23. LE CHEMIN DANS LES ROCHERS (1922)

24. NU (1922)

25. JEUNE GARÇON (1922)

26. NU (1923)

27. MADAME C. (1923)

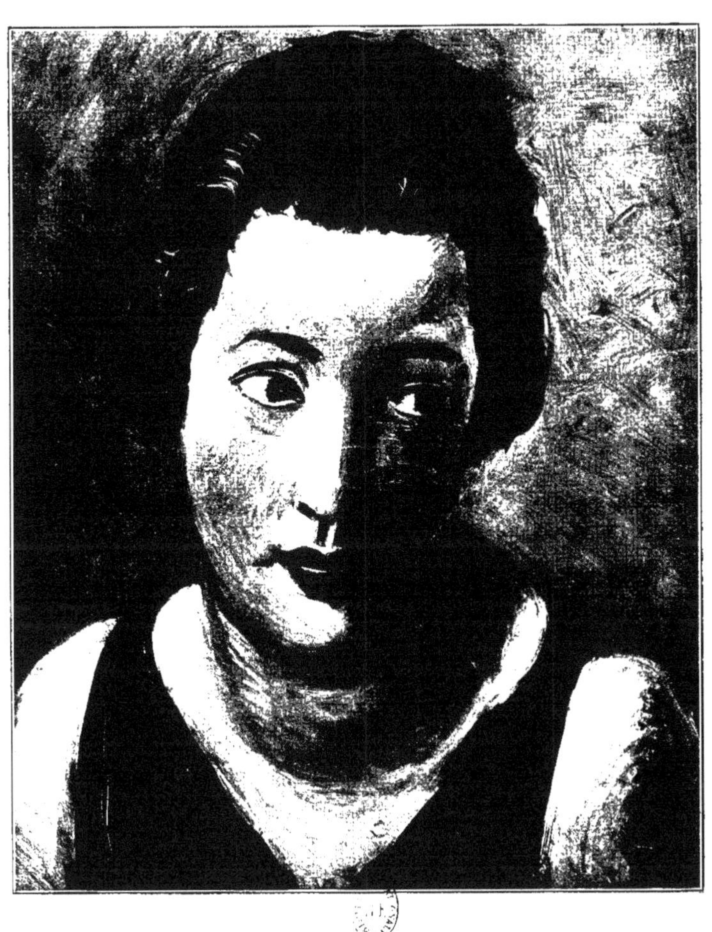

28. MADAME C. (1923)

20. NU (1923)

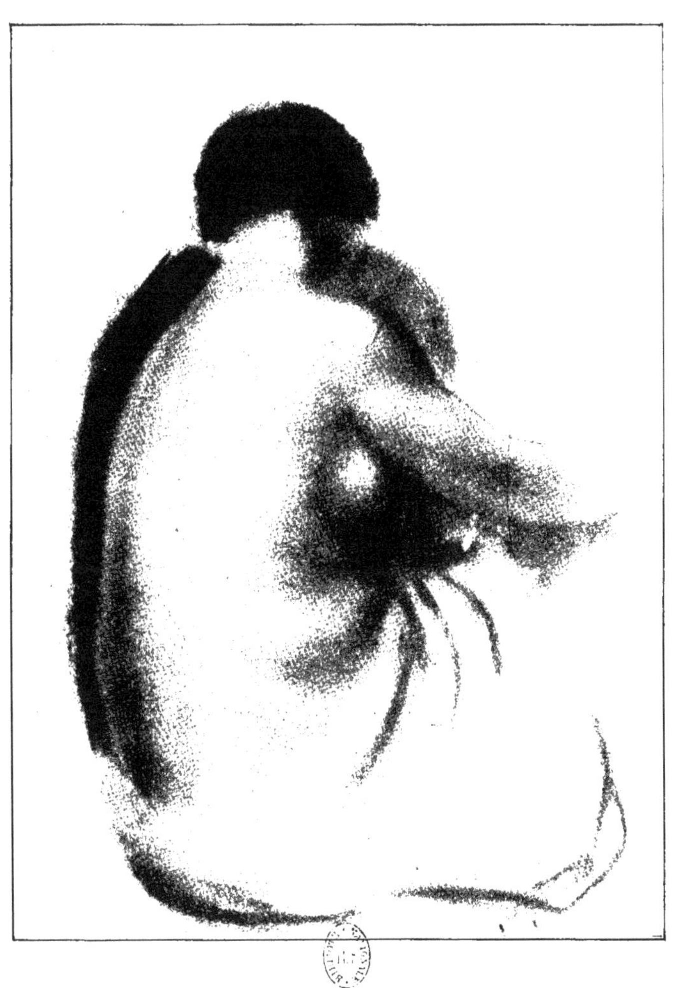

30. PASTEL (1920)

31. AQUARELLE (1921)

32. AQUARELLE (1921)

XXVII DESSINS DE
ANDRÉ DERAIN

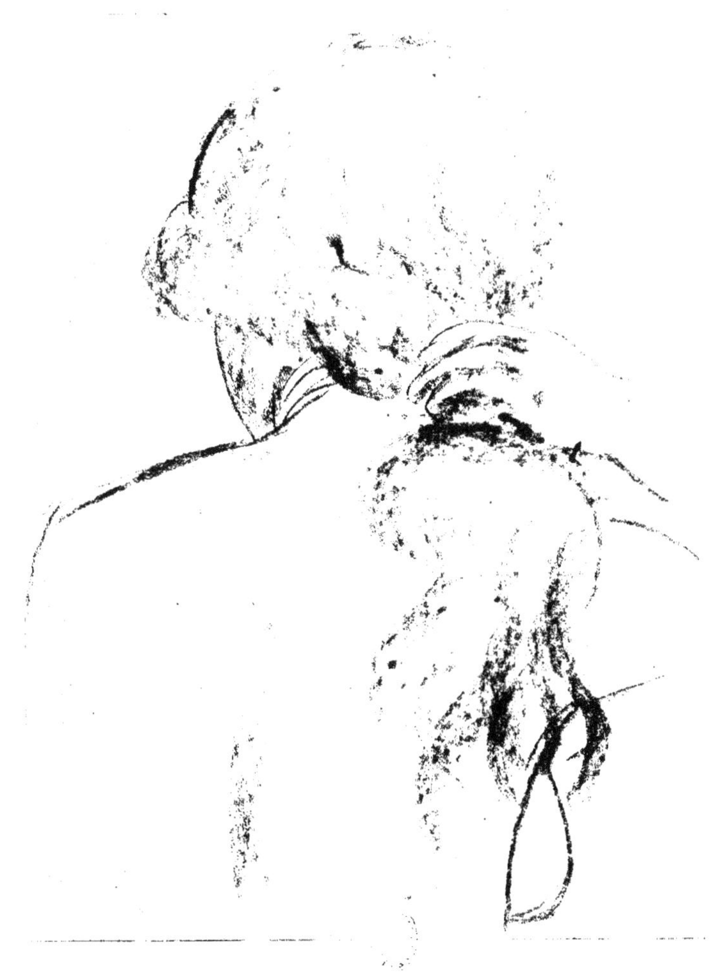

33. (1919)

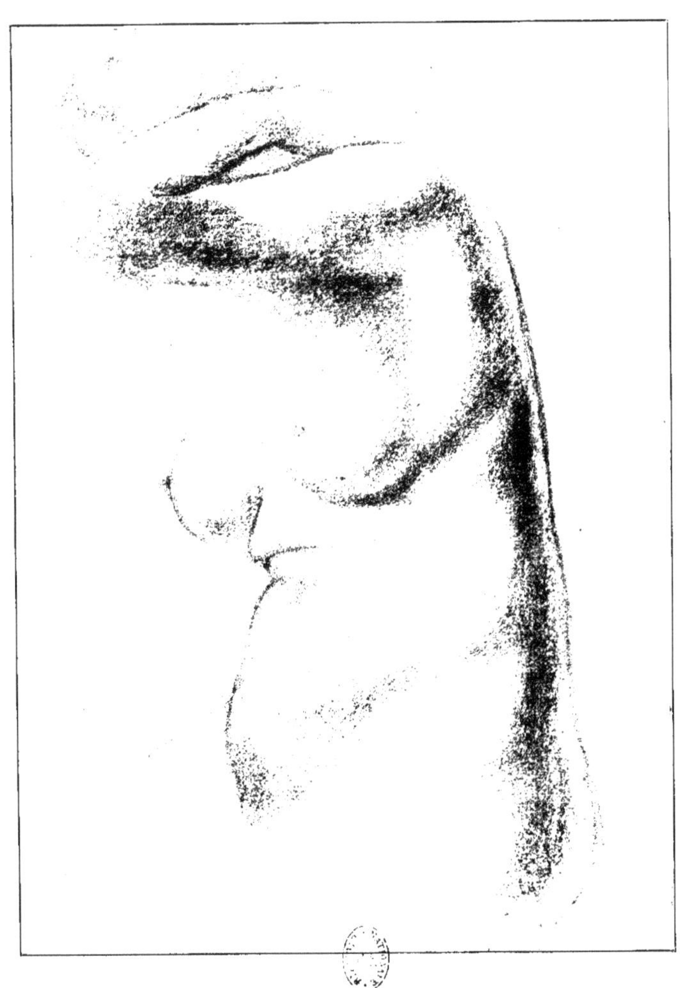

34. (1919)

35. (1919)

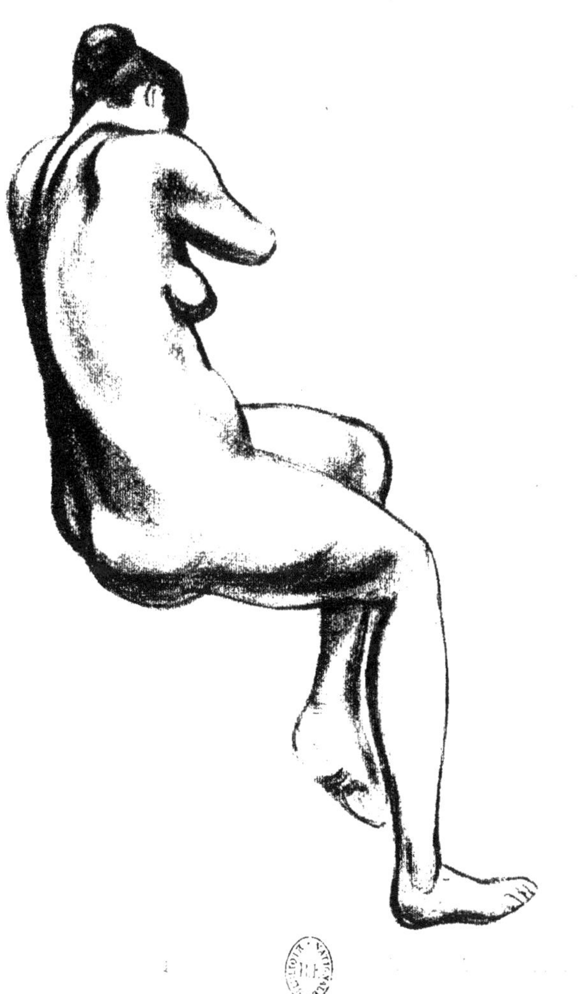

36. (1919)

37. (1919)

30. (1926)

40. (1920)

41. (1921)

42. (1920)

43. (1920)

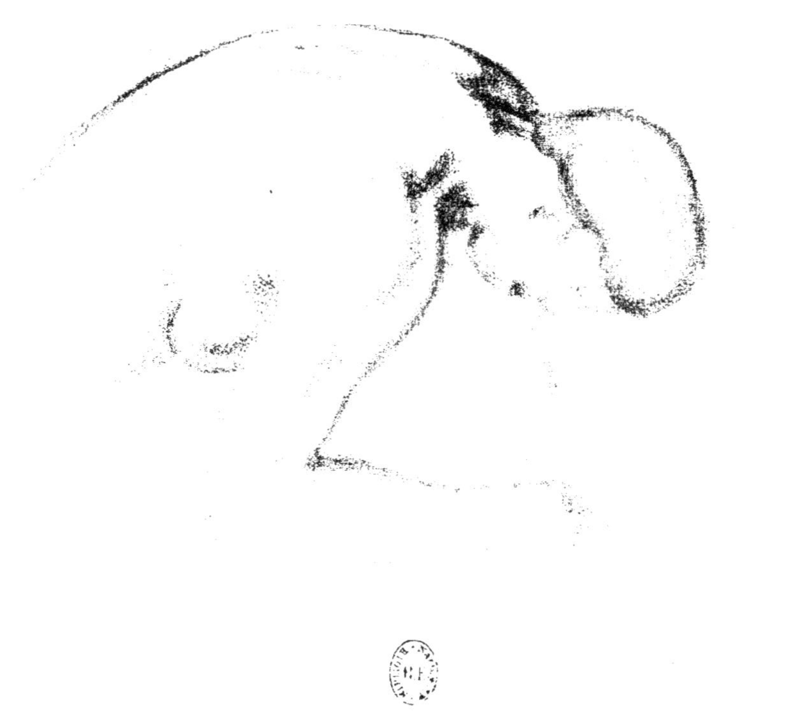

44. (1920)

45. (1920)

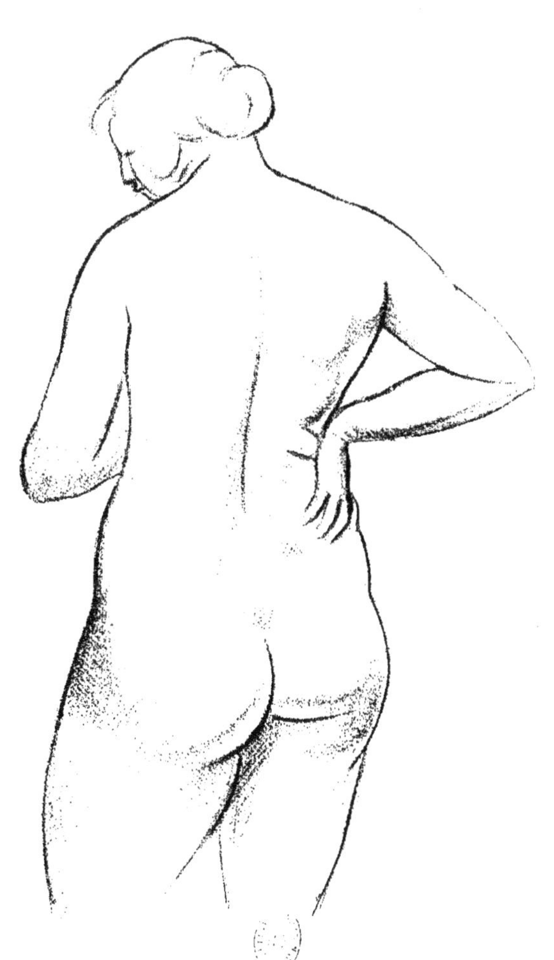

46. (1920)

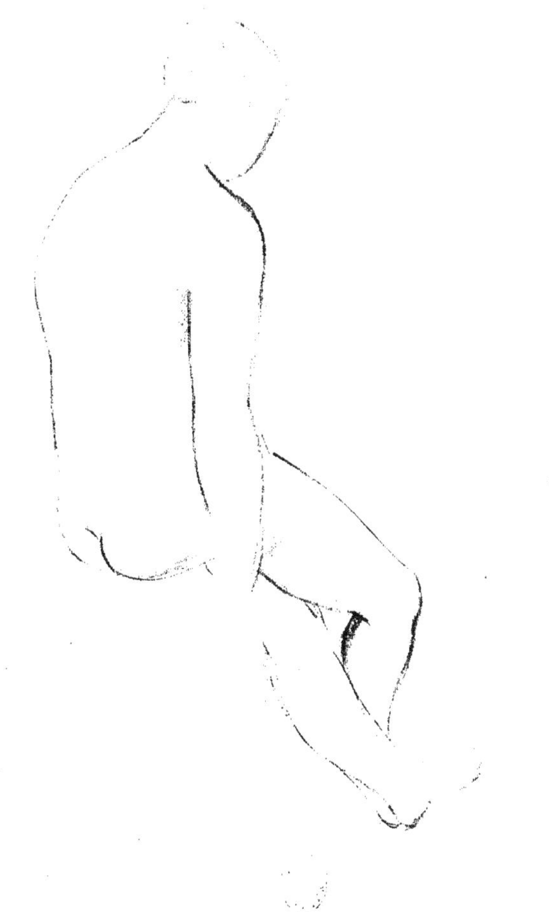

47. (1920)

48. (1920)

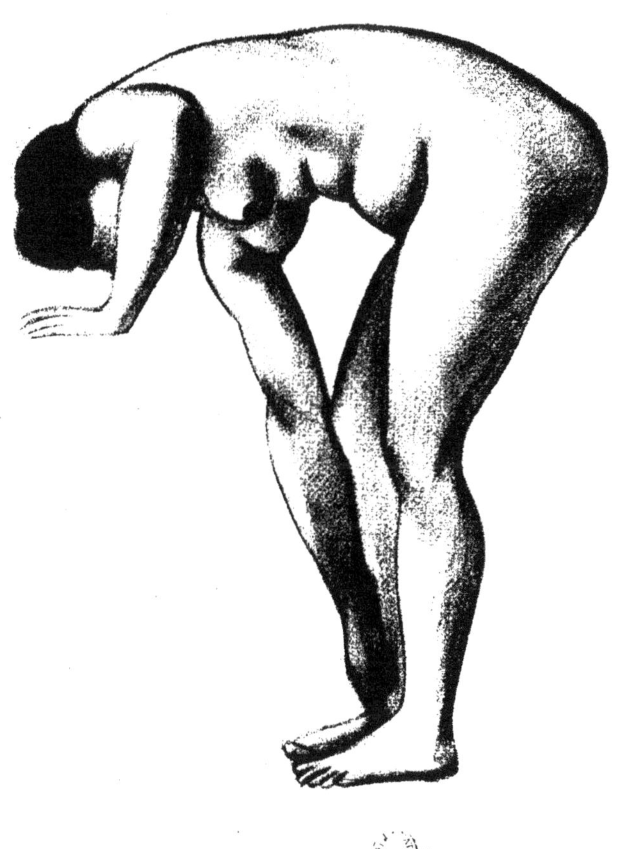

49. (1921)

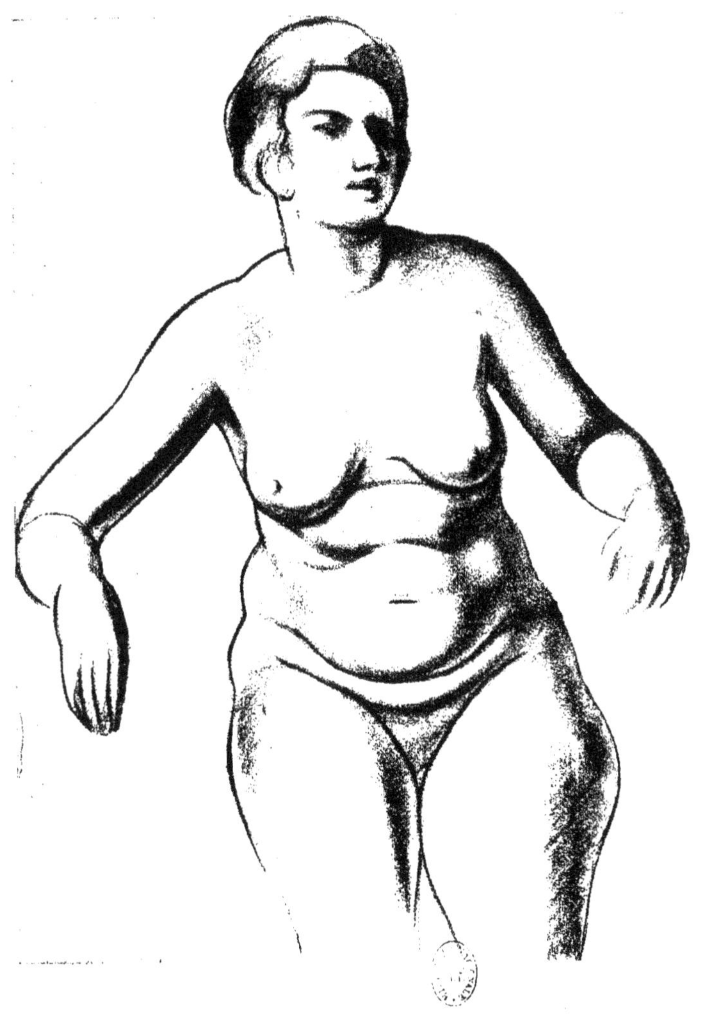

50. (1921)

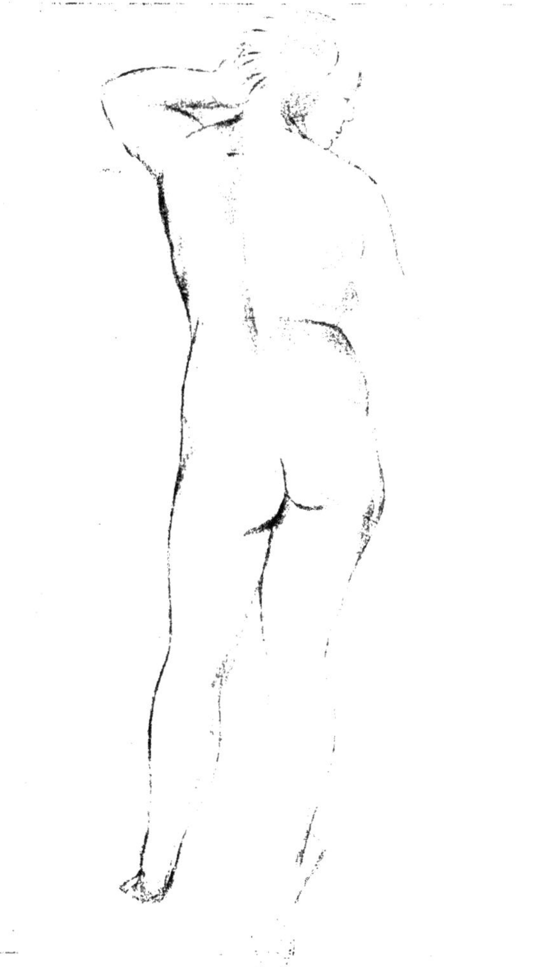

51. (1021)

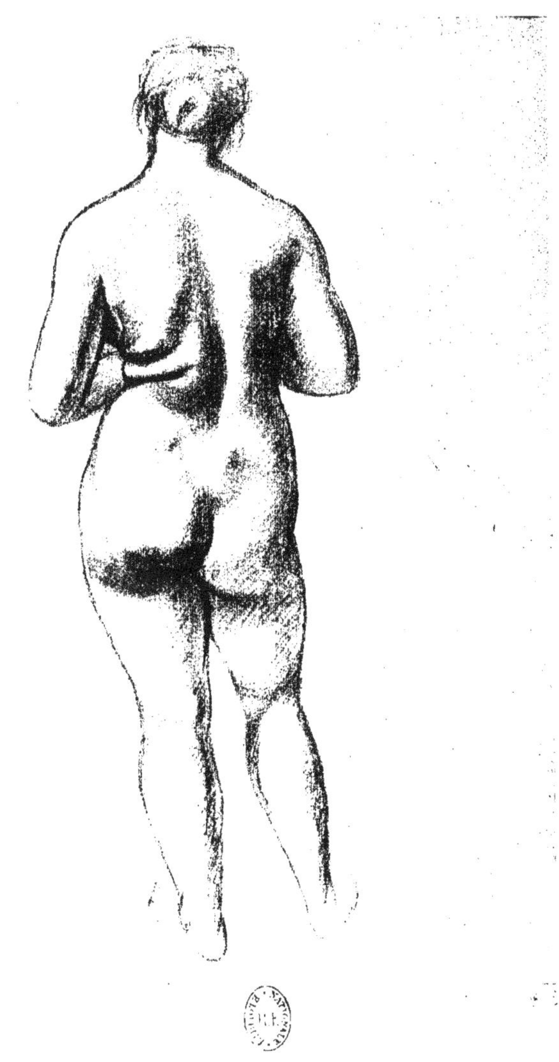

52. (1921)

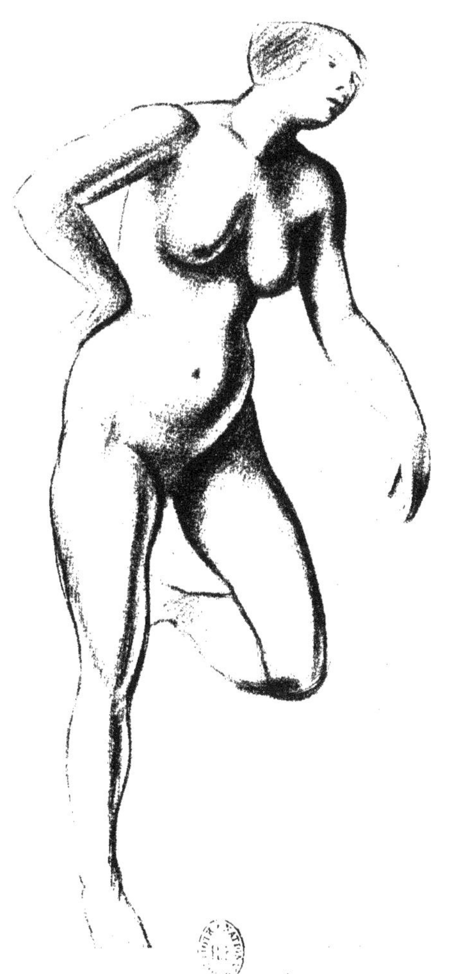

53. (1921)

54. (1921)

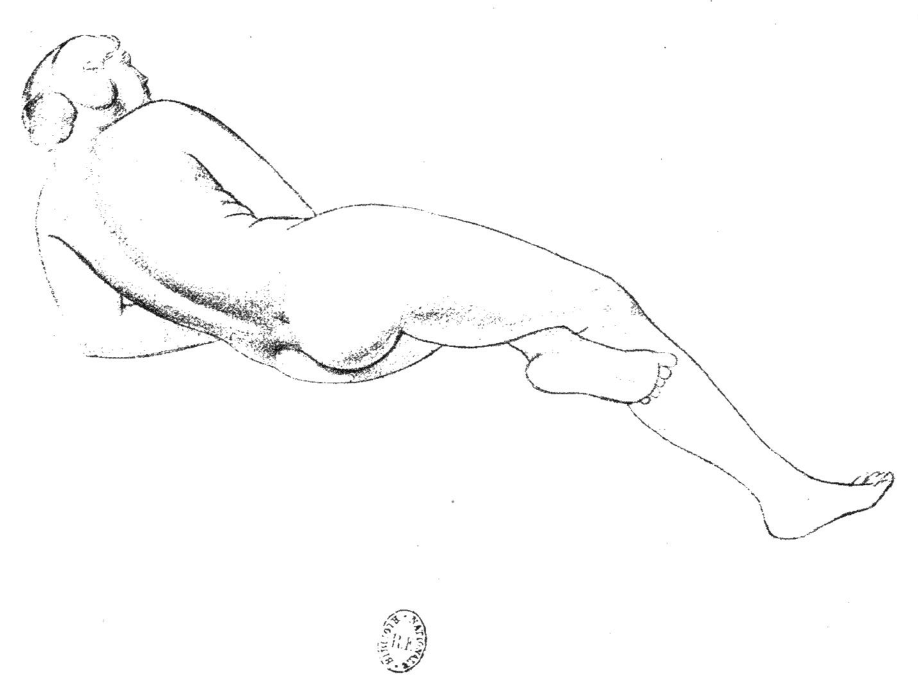

55. (1922)

56. (1922)

57. (1922)

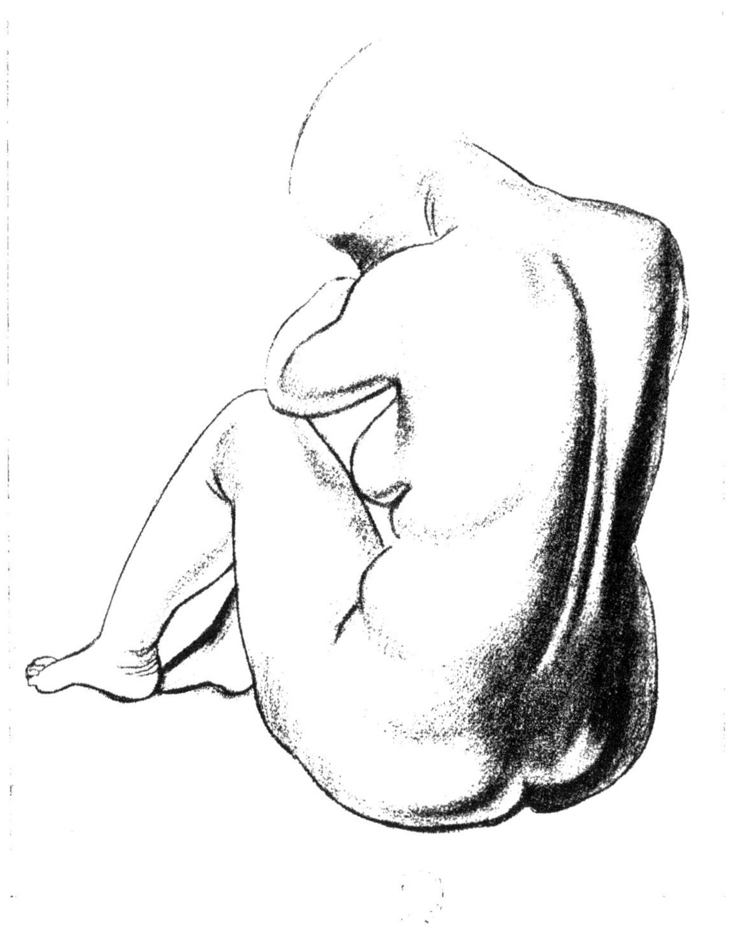

58. (1922)

59. (1022)

PORTRAITS D'ANDRÉ DERAIN

CE RECUEIL DE REPRODUCTIONS EN SIMILIGRAVURE DE MM. DÉMICHEL VERDOUX ET CIE A PARIS, EST SORTI DES PRESSES DE L'IMPRIMERIE SAINTE-CATHERINE A BRUGES-BELGIQUE, POUR LES ÉDITIONS DES « CAHIERS D'AUJOURD'HUI » PUBLIÉES PAR GEORGE BESSON, AUX ÉDITIONS GEORGES CRÈS ET CIE, 21, RUE HAUTEFEUILLE, PARIS

LES REPRODUCTIONS I A 14, 30 A 32, ONT ÉTÉ FAITES D'APRÈS LES REPRODUCTIONS DE LA GALERIE SIMON, 29bis, RUE D'ASTORG A PARIS

ÉDITIONS DES « CAHIERS D'AUJOURD'HUI » PUBLIÉES PAR GEORGE BESSON, CHEZ GEORGES CRÈS & Cie, RUE HAUTEFEUILLE, 21, PARIS

PRIX : 35 FRANCS

www.ingramcontent.com/pod-product-compliance
Ingram Content Group UK Ltd.
Pitfield, Milton Keynes, MK11 3LW, UK
UKHW020559180726
13838UKWH00001B/336